LAS FUERZAS ARMADAS DE LOS ESTADOS UNIDOS

LA FUERZA AÉREA
DE LOS ESTADOS UNIDOS

por Allan Morey

en español

Ideas para los padres de familia y los maestros

Los Pogo Books permiten a los lectores practicar la lectura de textos informativos y los familiarizan con las características de la literatura de no ficción, como los encabezados, las etiquetas, las barras laterales, los mapas y diagramas, al igual que una tabla de contenido, un glosario y un índice. Los textos, cuidadosamente escritos para el nivel de los estudiantes, y la sólida correspondencia con una foto ofrecen a los lectores de temprana edad que leen con fluidez el apoyo necesario para tener éxito.

Antes de la lectura

- Recorra las páginas del libro indíquele al niño o a la niña las diversas características de la literatura de no ficción. Pregúntele qué propósito tiene cada característica.

- Miren el glosario juntos. Lean y conversen acerca de las palabras.

Lean el libro

- Permita que lea el libro de forma independiente.

- Pídale que haga una lista de las preguntas que le surjan a partir de la lectura.

Después de la lectura

- Hablen acerca de las preguntas que le hayan surgido y sobre cómo él o ella podría obtener las respuestas a esas preguntas.

- Motive al niño o a la niña a pensar más. Pregúntele: Antes de leer este libro, ¿sabías qué tipos de trabajos desempeñan los miembros de la Fuerza Aérea de los Estados Unidos? ¿Qué más quisieras aprender acerca de la Fuerza Aérea de los Estados Unidos?

Pogo Books are published by Jump!
5357 Penn Avenue South
Minneapolis, MN 55419
www.jumplibrary.com

Library of Congress Cataloging-in-Publication Data

Names: Morey, Allan, author.
Title: La Fuerza Aérea de los Estados Unidos / por Allan Morey.
Other titles: U.S. Air Force. Spanish
Description: Minneapolis, MN: Jump!, Inc., 2021.
Series: Las fuerzas armadas de los Estados Unidos
Includes index. | Audience: Ages 7-10
Audience: Grades 2-3
Identifiers: LCCN 2020015923 (print)
LCCN 2020015924 (ebook)
ISBN 9781645276234 (hardcover)
ISBN 9781645276241 (ebook)
Subjects: LCSH: United States. Air Force—Juvenile literature.
Airmen—United States—Juvenile literature.
Classification: LCC UG633 .M5918 2021 (print)
LCC UG633 (ebook) | DDC 358.400973—dc23

Editor: Susanne Bushman
Designer: Molly Ballanger
Translator: Annette Granat

Content Consultant: Captain Cody Morgan, Pilot, United States Air Force

At the time of print, Captain Cody Morgan had been in the U.S. Air Force for six years. He started out in pilot training in Texas and stayed as a T-6 Texan Instructor Pilot. He is currently stationed at Travis Air Force Base, California, where he flies the C-5M Super Galaxy. It is the largest airplane in the U.S. Air Force!

Photo Credits: Eliyahu Yosef Parypa/Shutterstock, cover; DanielBendjy/iStock, 1 (foreground); turtix/Shutterstock, 1 (background); U.S. Air Force, 3, 5, 6-7tl, 6-7tr, 6-7br, 8, 9, 10-11, 12-13, 14-15, 17, 20-21, 23; Andrew_Howe/iStock, 4; Bruce Leibowitz/Shutterstock, 6-7bl; Fasttailwind/Shutterstock, 16; RP Library/Alamy, 18-19.

Printed in the United States of America at Corporate Graphics in North Mankato, Minnesota.

TABLA DE CONTENIDO

CAPÍTULO 1

EN EL AIRE

Un jet pasa zumbando por encima de nuestras cabezas. ¡Es un jet de combate de la Fuerza Aérea de los Estados Unidos! Está patrullando. Está en busca del peligro.

jet de combate

La Fuerza Aérea forma parte de las Fuerzas Armadas de los Estados Unidos. A sus miembros se les llama aviadores. Ellos **defienden** a los Estados Unidos. Combaten en el aire y en el espacio. ¡Incluso trabajan en el **ciberespacio**! También protegen a los **aliados** de los Estados Unidos.

bombardero

avión de combate

jet de combate

C-5M Super Galaxy

La Fuerza Aérea usa muchas **aeronaves**. Los grandes bombarderos dejan caer bombas. Los aviones de combate disparan desde el cielo. Los jets de combate atacan a los aviones enemigos. El C-5M Super Galaxy lleva suministros. ¡Es el avión más grande de la Fuerza Aérea!

¿QUÉ OPINAS?

Los drones son aeronaves especiales. ¿Por qué? Son piloteados **remotamente**. Tienen la capacidad de llevar armas de fuego. También pueden utilizarse para espiar a los enemigos. ¿Te gustaría controlar un dron?

CAPÍTULO 2

LOS TRABAJOS DE LA FUERZA AÉREA

Los **reclutas** reciben un entrenamiento básico. Aprenden acerca del servicio en la Fuerza Aérea. Aprenden a disparar armas de fuego. Se les hacen pruebas físicas.

Después, los aviadores asisten a escuelas especializadas. ¿Por qué? Se entrenan para trabajos. Luego, la mayoría de los aviadores son enviados a una **base**. Trabajarán allí. ¡También vivirán allí!

Los aviadores realizan muchos trabajos. Algunos son mecánicos. Otros trabajan en el campo de la asistencia médica. Algunos son controladores de tráfico aéreo. Guían a las aeronaves a medida que estas aterrizan y despegan.

¿LO SABÍAS?

Muchos astronautas de la **NASA** han servido en la Fuerza Aérea, incluyendo a Buzz Aldrin. Él fue una de las primeras personas que aterrizaron en la Luna. Fue piloto de la Fuerza Aérea.

controlador de tráfico aéreo

Los aviadores con títulos universitarios pueden volverse oficiales. Asisten a una escuela especial de entrenamiento para oficiales. Aprenden papeles importantes. Algunos asumen el control durante el **combate**. Otros lideran **misiones** de rescate. ¡Algunos oficiales se vuelven doctores!

¡ECHA UN VISTAZO!

Los oficiales tienen diferentes **rangos**. Ellos los indican en sus uniformes. Las **insignias** van en ambos hombros. ¡Echa un vistazo!

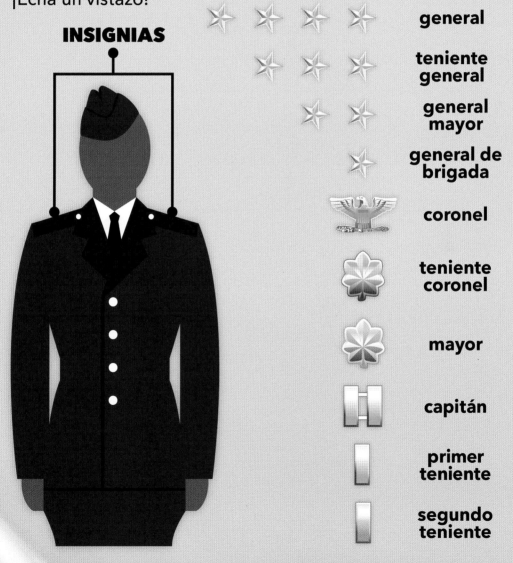

INSIGNIAS

general

teniente general

general mayor

general de brigada

coronel

teniente coronel

mayor

capitán

primer teniente

segundo teniente

Los pilotos de la Fuerza Aérea deben ser oficiales. Algunos pilotean bombarderos y jets de combate. Otros pilotean helicópteros. Algunos son pilotos de aviones cisternas. Los camiones petroleros **recargan el combustible** de otras aeronaves. ¡Hacen esto en el aire!

¿LO SABÍAS?

Los Thunderbirds son un grupo especial. Estos pilotos de la Fuerza Aérea hacen un gira del mundo. ¿Por qué? Muestran las habilidades que tienen para pilotear.

CAPÍTULO 3

LAS MISIONES DE LA FUERZA AÉREA

En tiempos de guerra, la Fuerza Aérea pilotea misiones de combate. Los jets de combate derriban los aviones enemigos. Los bombarderos atacan los objetivos enemigos.

jet de combate

bombardero

La Fuerza Aérea también ayuda a otras **ramas** militares. Los aviadores **transportan** a los soldados. Llevan en sus aviones entregas de suministros por paracaídas. ¿Qué son estas? Los aviadores dejan caer las entregas de suministros. Las lanzan con los paracaídas a la tierra.

suministros

La Fuerza Aérea ayuda durante los **desastres naturales**. En el 2010, un terremoto azotó Haití. Los aviadores volaron al área. Ellos arreglaron el aeropuerto del país. También ayudaron a la gente. ¿Cómo? Les llevaron comida, agua y medicinas.

¿QUÉ OPINAS?

El presidente de los Estados Unidos es el comandante en jefe. ¿Qué significa esto? Él o ella decide cómo usar las Fuerzas Armadas de los Estados Unidos. ¿Te gustaría tener este trabajo? ¿Por qué o por qué no?

Algunos aviadores se entrenan para participar en misiones de rescate. Ellos salvan a las personas en peligro. Tienen un entrenamiento médico. Ellos pueden salvar a la gente herida. Los miembros de la Fuerza Aérea protegen a la gente alrededor del mundo. ¿Te gustaría servir en la Fuerza Aérea de los Estados Unidos?

DATOS BREVES & OTRAS CURIOSIDADES

CRONOLOGÍA

2019
El 20 de diciembre, se firma para que entre en vigor la Fuerza Espacial, una rama militar bajo la Fuerza Aérea.

1907
La Fuerza Aérea de los EE. UU. establece un Departamento de Aeronáutica para investigar el uso de las máquinas que vuelan, como globos aerostáticos y aviones.

1947
La Fuerza Aérea de los EE. UU. se vuelve su propia rama militar.

1913
El 1er Escuadrón de Reconocimiento se convierte en la primera unidad de combate aérea del Ejército.

1953
Se forma el Escuadrón Thunderbirds de la Fuerza Aérea de los EE. UU.

LA MISIÓN DE LA FUERZA AÉREA DE LOS EE. UU.:
La misión de la Fuerza Aérea de los Estados Unidos es volar, combatir y ganar en el aire, el espacio y el ciberespacio.

LOS MIEMBROS DE LA FUERZA AÉREA DE LOS EE.UU. EN SERVICIO ACTIVO:
Alrededor de 328,000 (en el 2019)
Los miembros en servicio activo sirven a tiempo completo.

LOS MIEMBROS DE LA FUERZA AÉREA DE LOS EE. UU. EN LA RESERVA:
Alrededor de 69,000 (en el 2019)
Los miembros en la Reserva se entrenan y sirven a tiempo parcial.

aeronaves: Medios de transporte que pueden volar.

aliados: Países que están en el mismo lado durante las guerras o en acciones militares.

base: Una estación militar permanente.

ciberespacio: El mundo de la comunicación y la interacción, representado por la Internet.

combate: Pelea.

defienden: Protegen.

desastres naturales: Eventos en la naturaleza, tales como huracanes, terremotos e inundaciones, que ocasionan mucho daño.

insignias: Símbolos que muestran los rangos de la gente en las fuerzas armadas.

misiones: Tareas o trabajos.

NASA: Abreviatura en inglés de Administración Nacional de la Aeronáutica y del Espacio; la agencia gubernamental responsable de la exploración espacial y la investigación.

patrullan: Vigilan un área.

ramas: Los grupos de las Fuerzas Armadas los Estados Unidos, incluyendo la Fuerza Aérea de los EE. UU., el Ejército de los EE. UU., la Guardia Costera de los EE. UU., el Cuerpo de Marines de los EE. UU., y la Marina de Guerra de los EE. UU.

rangos: Posiciones en las fuerzas armadas.

recargan el combustible: Suministran más combustible.

reclutas: Los nuevos miembros de una fuerza armada.

remotamente: En una ubicación remota o alejada.

transportan: Llevan de lugar en lugar.

ÍNDICE

PARA APRENDER MÁS

Aprender más es tan fácil como contar de 1 a 3.

1 Visita www.factsurfer.com

2 Escribe "LaFuerzaAéreadelosEstadosUnidos"
   en la caja de búsqueda.

3 Elige tu libro para ver una lista de sitios web.

FACT
SURFER